7
Lk 1349.

NOTICE

SUR

L'ÉGLISE DE ST.-PIERRE-LE-GUILLARD

DE BOURGES (1).

Depuis long-temps vous me demandez, ainsi que plusieurs personnes honorables de la ville, une notice sur mon église qui en effet mérite bien intérêt. Je me rends à vos vœux, et d'autant plus volontiers qu'en cet instant ce genre d'étude compatit parfaitement avec les loisirs d'une longue convalescence, et puis ces quelques notes groupées serviront en quelque sorte d'archives pour mon église qui n'en est pas riche : on est si heureux, en général, de trouver une date, une inscription, l'explication d'un symbole, d'un relief, d'une reconstruction ! Mais, je vous prie, ne voyez dans ce petit travail qu'une œuvre de malade ; ensuite je dois confesser n'être pas archéologue.

On ne peut pas dire que l'église de Saint-Pierre est une église *belle*, du moins dans le sens que les architectes et archéologues attachent à cette épithète. Sous cette qualification, ils entendent ordinairement une église aux proportions vastes, gigantesques, ou bien une église de petite dimension, mais riche en sculpture, en symbolisme. Or, ce n'est pas là Saint-Pierre : l'édifice a seulement 46^m 70^c de longueur, 23^m 16^c de largeur et 14^m 50^c de hauteur. Toutefois, qu'il soit permis de dire en passant, à son honneur, que d'après une statistique tout récemment établie, l'église est plus large qu'une trentaine de cathédrales de France ; et puis la sculpture y est rare. A part quelques chapiteaux ornés, quelques clefs de voûte ciselées, quelques crédences, quelques piédestaux sculptés, on ne rencontre que des lignes ; mais les lignes ne sont pas un motif de dépréciation : « Dans notre architecture chrétienne, dit M. Bourrassé,
» il faut moins considérer la richesse des ornements intérieurs que l'im-
» pression qui résulte de la gravité de l'ensemble : aussi nous ne pouvons
» consentir à souscrire à de certains éloges prodigués sans discernement
» à quelques églises où l'art a étalé toute sa magnificence, lorsque, dans

---

(1) Cette Notice est adressée à M. le Rédacteur du *Droit Commun*.

1

» ces mêmes églises, on déprécie injustement le caractère sévère de
» l'architecture et ce que l'on voudrait appeler la nudité des lignes. »
De plus, je lisais tout récemment dans une circulaire fort bien pensée
de M. Fortoul, ministre des cultes, aux architectes de l'Empire, ces
mots significatifs : « La combinaison des lignes les plus simples tracées
» par une main habile peut donner à une œuvre un cachet remar-
» quable. » Or, le plan à trois nefs de l'édifice de Saint-Pierre, avec
déambulatoire, triforium et une sorte de transept, l'ordonnance de
ses vingt-unes petites fenêtres à lancettes dans les galeries, ses onze
grandes fenêtres flamboyantes des chapelles latérales, ses neuf autres
à lancettes simples ou géminées de l'abside, le clair obscur si favorable au recueillement qui règne de toutes parts, malgré l'absence de
vitraux, sont tels, qu'au premier aspect on ne peut se défendre de trouver cette église charmante, de l'appeler une jolie église : voilà du moins
ce que journellement nous entendons dire au peuple et aux architectes
qui la visitent. Elle doit en *imposer surtout beaucoup et paraître
magnifique* à certains voyageurs des hôtels de France et de la Poste en
qui la science archéologique n'a pas encore fait de grands progrès, et
qui, prenant tout simplement Saint-Pierre pour la cathédrale de
Bourges, disent naïvement : « Elle n'est pas si grande, si élevée que
» Notre-Dame de Paris. » Quoiqu'il en soit, au sortir des mains de son
architecte dont nous regrettons de ne point connaître le nom, Saint-
Pierre était une intéressante église que malheureusement le feu et la
main des hommes ont singulièrement décolorée. L'incendie de 1487 qui
réduisit alors en cendres la moitié de la ville en a renversé la partie
septentrionale, et il a fallu soutenir en sous-œuvre les arcades de la
partie méridionale que le sinistre avait grandement ébranlée. Alors
disparurent les colonnes primitives du XIIIe siècle, colonnes cylin-
driques cantonnées en croix de légères colonnettes et dont on peut voir
encore la forme à la première arcade droite ; puis, plus tard, un
ignoble badijeon est venu lui ôter le peu de physionomie qui lui res-
tait. En voyant à Saint-Pierre comment le mauvais goût a promené de
toutes parts sa brosse sale et jaunâtre, on ne peut maîtriser son indignation : « C'est, dit un archéologue célèbre, une profanation de désho-
» norer si brutalement une antique et vénérable église. » En fait de
travaux concernant l'édifice, nous n'avons à Saint-Pierre qu'une seule
archive ; qu'on juge de son intérêt : c'est le procès-verbal relatif à ce
maudit badijeonnage que provoqua alors le sacristain R..., restaura-
teur, qui avait plus de zèle que de goût. La science archéologique
n'était point encore descendue à cette échelle de la hiérarchie ecclésias-
tique. C'était en 1819. Commencés le 14 septembre, dit avec précision
et d'un air de satisfaction le rédacteur du procès-verbal, *les embellisse*

ments de Saint-Pierre furent terminés le 24 mars 1821. Le rédacteur n'a pas signé.

Du reste, cette église, grâce à diverses allocations de la municipalité, a gagné beaucoup depuis quelques années, surtout à l'extérieur. Elle était encaissée dans des places d'un mètre, des terrasses de deux mètres au-dessus de son aire, dont les terres venaient presque battre les bases des chapelles latérales et les arbres précipiter leurs racines sous les murs et dans les caveaux. La ville, que la fabrique ne saurait assez remercier, a déblayé, en 1851, d'immenses terrains et démoli quelques superfétations du xviie siècle. D'ignobles constructions datant de 1626 étaient adossées à la droite de la façade et formaient d'humides sacristies au détriment de la régularité de l'église tant à l'intérieur qu'à l'extérieur, et surtout au détriment d'un des piliers du clocher dont on avait complètement bûché la base pour rendre la sacristie plus spacieuse. Ce pilier vient d'être consolidé; et maintenant au lieu de ces constructions à fenêtres d'échoppe; au lieu de rustiques auvents, nous avons la grande porte primitive à double cintre figurant au plan de l'église, ainsi que celle de gauche qui était obstruée par une tour renfermant un escalier commencé sur une vaste échelle, il est vrai, mais qui, par son inachèvement, son toit plat et son prolongement avancé dans la rue, était fort disgracieuse : ce qui donne à la façade, percée de trois grandes portes ouvrant sur les trois nefs, un air de sévérité grave, de solennité même. Aussi, d'après toutes ces considérations et en présence de ces améliorations, nous n'avons pas été surpris de voir Saint-Pierre, pendant le cours de notre ministère, classé au moins deux fois au nombre des monuments historiques; nous en avons la preuve en main, et nous pensons que si la célèbre métropole ne venait point l'écraser de tout son poids, il attirerait plus particulièrement l'attention du gouvernement. Sans doute nous n'avons pas la prétention de rivaliser avec les sculptures, les chapiteaux historiés des églises de Gargilesse, Levroux, Saint-Satur, Châtillon-sur-Indre, Saint-Marcel, etc.; mais quand, nous plaçant à un autre point de vue, nous considérons l'aptitude de Saint-Pierre pour les grandes cérémonies, les processions solennelles, c'est-à-dire la largeur de ses collatéraux aussi spacieux que ceux de la métropole, son intéressant déambulatoire, dont sont, pour ainsi dire, privées les églises susdites, si ce n'est Saint-Satur, nous sommes presque tentés, qu'on le pardonne à l'affection si naturelle d'un pasteur pour une épouse bien aimée, de redire *en petit* de notre modeste église comparée aux autres églises principales ses sœurs plus ornées et plus somptueuses, ce que dit *en grand* M. Bourassé de notre fameuse métropole comparée à des cathédrales plus magnifiquement sculptées : « C'est la noble réserve d'une reine que l'éclat de la

» puissance et l'autorité du nom débarrasse du soin inutile de recourir
» à de futiles atours. »

Saint-Pierre partage le sort de bien d'autres églises : son berceau est enveloppé de mystères et de ténèbres. Toutefois, une tradition respectable à tous égards, quoi qu'en dise le philosophisme du xviiie siècle avec son ton frondeur à l'endroit des miracles, nous donne là-dessus quelques lumières; elle enseigne que Saint Antoine de Padoue prêchant à Bourges, on mit ce saint en rapport avec un juif, riche banquier de la ville, appelé Zacharie Guillard, qui ne cessait de blasphémer contre le sacrement de l'Eucharistie; mais toutes les raisons du saint ne pouvaient rien gagner sur cet homme endurci qui finit par lui dire en se moquant : que si sa mule s'agenouillait devant l'Eucharistie, il croirait que Dieu y était renfermé. Saint Antoine le prit au mot, et l'animal qu'on avait fait jeûner pendant trois jours, laissant l'avoine qu'on lui présentait, s'agenouilla en effet devant le saint Sacrement que le saint tenait entre ses mains. Le juif, ne pouvant résister à cette preuve, se convertit, et en reconnaissance de la grâce que Dieu lui avait faite, il bâtit l'église appelée aujourd'hui Saint-Pierre-le-Guillard, tout près du lieu où le prodige s'était opéré. Dans la suite on consacra la place elle-même du miracle par la construction d'une chapelle dite la Chapelle des Pains, du nom de la famille qui l'avait fondée; elle était à l'angle du cimetière de Saint-Pierre environnant l'église, près de la rue des Arènes, vis-à-vis la maison actuelle du baron de Clamecy. Elle a été détruite en 1803, sous M. Brosse, curé. Les vieillards de la paroisse se rappellent encore l'avoir vue. L'entrée en était ornée de statues qui représentaient le miracle et dont on a trouvé vraisemblablement des débris lors du déblaiement des terres qui naguères encaissaient l'église : c'est une mule en pierre assez bien sculptée portant un cavalier qui sans doute est Zacharie et une statue de Saint-Antoine de Padoue, sur la poitrine duquel on voit représentés les rayons d'un ostensoir. Le tout est horriblement mutilé. Dans l'intérieur de la chapelle, il y avait aussi le tableau qu'on remarque encore à Saint-Pierre sur la porte d'entrée du collatéral gauche, et sur lequel nous avons vainement cherché une date et un nom d'auteur. La municipalité avait fait également peindre le miracle dans une des verrières de la grande salle de l'Hôtel-de-Ville.

Telle a été longtemps la tradition relativement à la fondation de l'église de St-Pierre et à son surnom; mais il paraît aujourd'hui résulter clairement de l'histoire locale que cette église existait sous ce nom et comme paroisse antérieurement à l'époque de St. Antoine de Padoue qui est né en 1195, a pris l'habit de St-François en 1221 et est mort en 1231. Ainsi on prouve qu'en 1164 et non 1174 comme le reconnaît M. Louis Raynal, auteur de l'Histoire du Berry, Alexandre III comprend cette paroisse (Ecclesiam S. Petri Jaillardi) au nombre des possessions du monastère des religieux de St-Hyppolite à Bourges : en 1190 et non 1180, on voit figurer comme témoin dans un acte de Henri de Sully, pour l'abbaye de Noirlac, Geoffroy du Mont, chapelain de St-Pierre le Jaliart (Gaudefricus de Monte, capellanus S. Petri lo Jaliart) : en 1190, le chapitre de Bourges consacre à l'anniversaire de Pierre de La Châtre un cens dans la paroisse de St-Pierre du Jaillard (in Parochiâ Sancti Petri de Jaillardo) à gauche de la rue qui conduit aux Arênes : or, on ne peut guère douter que le surnom de *Jaliart*, de *Jaillard* que l'église portait dans l'origine, ne soit devenu le *Guillard* d'aujourd'hui.

La fondation de cette église et son surnom ne doivent donc pas être attribués au juif converti; mais ce n'est pas là une raison suffisante, à notre avis, aux yeux d'une bonne critique, pour reléguer au rang des fables, comme le fait l'honorable auteur de l'Histoire du Berry, un miracle transmis par une tradition constante et que confirment des monuments assez rapprochés de l'époque à laquelle il se serait opéré : qu'on consulte le témoignage des archives de la cathédrale, qu'on compulse les annales de l'ordre de St-François, et on ne doutera pas de la réalité du prodige : du reste, ne pourrait-on pas tout concilier, en supposant que le juif converti aurait fait, par reconnaissance, reconstruire l'église et que, appelé jusques là Zacharie tout court, il aurait reçu de la voix publique le surnom de l'église elle même ?

« La présomption, dit le savant et judicieux auteur de l'histoire manuscrite de l'église de Bourges, est toujours en faveur des faits qui sont en possession de la croyance commune, et elle ne doit céder qu'à l'impossibilité démontrée d'accorder cette croyance avec des faits incontestables. » Les réflexions qui précèdent ne sont que la double application de cette règle de critique.

Ces préliminaires posés, visitons maintenant l'église, et d'abord l'extérieur : rien n'est plus simple, mais aussi rien n'est plus régulier, à commencer par les trois grandes portes de la façade : celle du milieu large et élevée diffère des deux autres en ce que ses pieds droits sont des colonnes à chapiteaux recourbés en crochets et sur lesquelles s'élève un triple cintre, tandis que les portes latérales n'ont qu'un double cintre et une simple corniche pour chapiteau : il est bien fâcheux qu'une place ou tout au moins une rue spacieuse ne précèdent point la façade de l'église ; la ville était disposée à faire un assez large perron qui eût donné plus de majesté à l'entrée. Les archéologues observent que les baies ogivales ouvertes dans toute leur superficie ont été privées, à une époque quelconque de reconstruction, de leurs linteaux et de leurs tympans.

Le clocher est un édifice quadrangulaire soutenu par quatre contreforts très-saillants placés aux angles : sur la façade figure une grande fenêtre qui est dans le plus triste état ; celles qui, sur les quatre faces, donnent jour au beffroi, sont sans ornement aucun. L'ensemble, c'est-à-dire, portes et fenêtres, accusent la fin du xve siècle ; le clocher lui-même aurait été remanié à cette époque. Son sommet était autrefois couronné d'une belle flèche pyramidale que l'on voit figurer dans les anciens plans de la ville. Il y a tout à croire qu'elle a été détruite par l'incendie de 1487. Aujourd'hui le clocher se termine d'une manière disgracieuse par un cône peu élevé.

Si, partant du pied du clocher, nous faisons le tour de l'édifice, nous remarquerons que l'architecte a adopté pour le monument le même système de contreforts et d'arc-boutants que pour les grandes églises, avec cette différence que dans celles-ci les contreforts et arc-boutants sont en même temps ornement et soutien, tandis qu'à Saint-Pierre ils n'ont que ce dernier avantage ; toute leur ornementation consiste dans un fronton aigu, dans un toit à double égout, parsemé de crosses végétales et surmonté tantôt d'un chou, tantôt d'une croix. La plupart des arcs-boutants et contreforts ont été réparés de 1822 à 1828 : on eût pu couronner les contreforts d'ornements plus en harmonie avec le style de l'église. Primitivement, les contreforts, par leur séparation, formaient des enfoncements, comme il en existe encore un à la place de l'ancienne petite porte du chevet. C'était là le plan de l'architecte dans toute sa pureté, comme à la cathédrale. et pour entrer dans ces idées, il est des archéologues qui regardent comme une imperfection, comme des hors-d'œuvres les chapelles qu'on commença à élever dès le xive siècle autour des nefs latérales ; pour nous, quoique nous professions une sorte de culte pour les moindres lignes du plan de l'architecte de notre église, quoique nous n'ayions aucune qualité pour hasarder un jugement en pareille matière, toutefois, nous sommes portés à nous ranger du côté de ceux qui envisagent ces chapelles comme un couronnement parfait. Nous les aimons mieux avec leurs larges fenêtres rayonnantes et flamboyantes vis-à-vis les arcades d'une grande nef, que des murs nus et obscurs, même revêtus d'arcatures simulées. Cette série de chapelles produit un effet d'autant moins disparate qu'elles ne dépassent point les contreforts de l'église, et ne nuit point à la saillie des bras de l'espèce de transept formé par les chapelles du Sacré-Cœur et des Trépassés, que l'on croit être toutes deux du xvie siècle, à en juger par les piliers butant la vive-arête ou les angles des murs.

Ne quittons point l'extérieur du temple sans dire un mot de deux petites portes, dont l'une close, l'autre accommodée au service de la sacristie. La première figurait au chevet de l'église ; elle date du xve siècle, et par conséquent n'entrait pas dans le plan primitif de cette partie de l'église, attendu qu'elle était percée dans un mur sur la surface duquel, à l'intérieur, est simulée la même retombée des nervures de voûte qu'à la chapelle voisine de Sainte-Magdelaine. Cette porte a été condamnée, parce qu'elle était incompatible avec le recueillement essentiel à cette partie de l'édifice ordinairement solitaire, par conséquent si favorable à la piété, et parce qu'ensuite, depuis l'ouverture de la porte latérale de la façade et dans la prévision surtout de la démolition du rétable, de l'ouverture des cintres, cette porte, à cause des courants d'air, serait intolérable pour les fidèles et pour le service de l'autel. A sa place, on parle d'ouvrir et d'ériger une chapelle. Sans doute, elle n'entrait point aussi dans le plan primitif de l'architecte ; mais nous répèterons ce que nous avons dit plus haut, nous aimerions autant une chapelle parallèle à celle de Saint-François-de-Salles : l'abside, en conformité avec les chapelles ordinaires du chevet des églises, présenterait le symbolisme du nombre impair, ce qu'elle présentait peut-être autrefois, car il est très-possible (1) que le terrain où est la chapelle de Saint-François-de-Salles, étant demeuré libre comme celui qui est à droite de la Vierge, une chapelle en tout semblable à celle en face de Sainte-Magdelaine ait existé primitivement à la place de celle de Saint-Paul, chapelle que l'incendie aurait détruite et qu'on aurait reconstruite, non dans son style premier, mais dans celui du temps. Quoiqu'il en soit, il est bien regrettable que la ville, vu ses énormes dépenses, n'ait pas pu jusqu'à ce jour exécuter ce qu'elle avait arrêté touchant la fermeture quelconque de l'enfoncement en question où est singulièrement compromise la décence publique.

Quant à l'autre porte qui donne aujourd'hui entrée de la place dans une cour près la sacristie, elle était originairement enclavée dans la nouvelle grande porte de gauche à la façade par où on montait l'escalier de la tour détruite qui conduisait à la tribune. Cette porte, assez bien sculptée du 15ᵉ siècle, méritait d'être conservée. Mais à bas le bonnet de coton qui en couronne le faîte.

Il est temps de pénétrer dans l'édifice ; il est précédé d'un porche intérieur qui donne à l'entrée une physionomie toute particulière, les connaisseurs l'admirent ; c'est une des parties les plus anciennes de l'église ; l'œil le moins exercé peut y reconnaître facilement les caractères du

---

(1) Cette possibilité s'est changée en certitude : la notice était sous presse quand un examen plus approfondi des lieux a démontré jusqu'à l'évidence que, sur l'emplacement actuel de la chapelle Saint-Paul, a existé autrefois une chapelle parallèle à celle de Sainte-Magdelaine, et en tout semblable à elle jusqu'au pilier central dont il reste encore des vestiges au sommet de l'arcade.

style ogival primitif. A cette époque de transition qu'accusent ouvertement les bases et les chapiteaux des colonnes, l'ogive n'était pas encore érigée en système, elle était par conséquent timide, et s'alliait, alternait avec le plein cintre. Sous ce porche deux choses fixent l'attention : à gauche on distingue l'orifice d'un puits qui, au dire des archéologues, était chose commune dans le XIII° siècle ; à droite, on voit les anneaux de l'ouverture d'un caveau où nous sommes descendu, non par curiosité, mais plutôt en esprit de pèlerinage : nous savions qu'il renfermait les dépouilles vénérées de deux de nos prédécesseurs, MM. Sallé et Péricaud. Nous n'avons trouvé dans ledit caveau aucune architecture, ni colonnes, ni chapiteaux, mais nous avons pu satisfaire notre piété, verser quelques prières... Hélas ! les pauvres planches des cercueils qui gisent immédiatement sur la terre humide commencent à se trouer, à se détacher !...

Le vestibule donne entrée sur les trois nefs par des portes où le plein cintre a été conservé, si ce n'est celle ogivale du milieu qui est élancée et semble être une sorte d'arc-de-triomphe, elle est du XV° ; il y a eu évidemment là reconstruction. Quand on a franchi cette porte solennelle, combien amers sont les regrets de voir l'épaisse couche jaunâtre qu'une main prodigue a jetée de toutes parts et qui produit un si déplorable effet, de voir la lourde masse des piliers, travaillés en sous-œuvre par suite de l'incendie ; mais combien abondamment on est dédommagé quand levant les yeux en haut on contemple la belle voûte du XV° siècle, l'agencement bien entendu de ses baies si richement décorées, ses nervures presmatiques et les clefs ornés d'écussons armoiriés. Ses deux extrémités captivent en particulier l'attention : celle du chevet suspend un magnique pavillon sur le maître-autel, et quand on se retourne du côté du portail on est heureux d'avoir en face une imposante tribune dont le berceau est formé par des faisceaux de colonnettes partant du sol. Seulement, on est affligé de voir que la reconstruction de la grande porte du vestibule efface un certain nombre de ces colonnettes ; mais combien plus affligé encore d'apprendre que cette intéressante tribune est veuve de son grand buffet d'orgues d'autrefois que l'on dit être aujourd'hui, par on ne sait quel événement, dans la remarquable église de la Charité-sur-Loire. Quand aurons-nous donc à Saint-Pierre un orgue digne du monument ?

De la tribune de l'orgue on suit avec intérêt le triforium qui parcourt toute la partie méridionale de l'édifice et se développe jusqu'à la partie septentrionale de l'hémycicle. On sait que l'autre partie de la galerie a été détruite par l'incendie et n'a pas été reconstruite. Ces restes précieux méritent ici une courte description : Il est composé de baies dont deux surmontent une des travées de l'église. Chaque baie est éclairée par une fenêtre simple à lancettes ; elles sont séparées entr'elles par des pieds-droits réunis par une ogive, laquelle est supportée par des colonnettes élégamment ornées de bases et de chapiteaux. Sur le flanc de ces pieds-droits, à l'intérieur de la nef, sont adossées deux colonnes dont l'une supportant l'arc-doubleau de la grande voûte, est terminée, au-dessus du cordon servant de corniche au triforium, par une console ou tête saillante. La seconde colonne, au contraire, soutenant les nervures se prolonge jusqu'aux bases appendiculées des grosses colonnes de la nef.

Chaque côté de l'église est divisé en cinq larges travées à ogive dont le sommet atteint le cordon du triforium. On sait aussi, et ce n'est pas la partie la moins digne de remarque de l'édifice, qu'au chevet figurent cinq autres travées moins spacieuses ; mais malheureusement les magnifiques colonnes monocylindriques sont enfouies, du côté de la chapelle de la Vierge, sous un vil moellon, et cachées, du côté du sanctuaire, par un rétable de la renaissance. Autrefois l'entrecolonnement à jour laissait voir dès l'entrée de l'édifice, dans un lointain mystérieux, les chapelles rayonnantes de l'abside, l'image touchante de Marie, j'allais presque oser dire, quelque chose du spectacle de *Notre-Dame La Blanche*. Aujourd'hui obscurité complète ; combien regrettable ! il n'est peut-être pas dans toutes les parties de la Cathédrale un point de vue plus saisissant, plus émouvant que celui dont jouit le prêtre quand célébrant au maître-autel de cette métropole, il contemple les incomparables verrières de l'abside illuminées des premiers feux du soleil. Eh bien ! fermez tous ces jours de l'entrecolonnement, rendez ténébreux tout cet amas de pierres précieuses semées dans les vitraux, prodigassiez-vous à la place l'or le plus pur, les marbres les plus riches, vous détruisez ce merveilleux effet et vous n'avez plus que les sanctuaires sans mouvement et sans vie de Paris ou d'Amiens. Notre Cardinal fait ici preuve de bon goût quand Son Eminence n'épargne dans le sanctuaire et le chœur ni boiseries ni grillage. Aussi vienne un sacre d'évêque, un couronnement, 20,000 âmes pourront contempler le consécrateur à l'autel. Or, pour en revenir à Saint-Pierre, faites disparaître le rétable et nous aurons en petit le ravissant spectacle du maître-autel de la Cathédrale. Sans doute il n'y a pas de vitraux à Saint-Pierre, mais qu'on se mette à l'œuvre de la démolition et les vitraux ne se feront pas attendre ; du reste, dussent-ils ne jamais venir, que les rayons du soleil levant se précipitant de toutes parts sur l'autel par d'étroites fenêtres à lancettes qui en tempèrent naturellement l'ardeur, vaudraient encore mieux que du corinthien, de l'ionien, du composite et du toscan marié à du gothique, assemblage ignoble, monstrueux que repoussent également le bon sens, la religion, et qui rappelle tout naturellement ces premiers vers de l'art poétique d'Horace.

2

> Humano capiti cervicem pictor equinam
> Jungere si velit, et varias inducere plumas,
> Undique collatis membris, ut turpiter atrum
> Desinat in piscem mulier formosa supernè,
> Spectatum admissi risum teneatis amici ?

Quoi, en effet de plus hideux, de plus dégoûtant que la statuaire de ce rétable, à commencer par le sujet principal, la vierge du médaillon ? n'est-ce pas une de ces grosses femmes vulgaires, comme en savait faire la renaissance, portant l'effronterie sur tous ses traits et le sans-gêne dans toutes ces allures ? et ces corps d'enfants, terminés par des queues de poisson ? et ces anges au naturel, semblables à des amours qui ont déposé leurs arcs et leurs carquois ? Que dire en particulier de la tête de Saint Paul ? ne figurerait-elle pas véritablement mieux au milieu des dieux marins, des tritons qui jouent aux eaux de Versailles ou de Saint-Cloud ? quant aux proportions modulées, convenues et arrêtées dans tout ordre d'architecture, n'en cherchez aucune, vous trouveriez, par exemple, à votre grand désappointement, que le piédestal, qui jamais ne doit être plus haut que le tiers de la colonne, égale la moitié de cette colonne ; vous trouveriez que cette frêle colonne semble fléchir sous le poids d'un entablement d'une dimension vraiment écrasante : le moyen de s'étonner ensuite d'entendre le premier visiteur venu dont l'esprit cependant est naturellement architecte, s'écrier : *Oh ! que c'est lourd, ça ! Quand donc*, disent les connaisseurs, *le curé de la paroisse nous débarrassera-t-il de cela ?* paroles qui journellement retentissent à nos oreilles. Sans doute, dans l'ensemble du rétable, il y a du travail, beaucoup même, mais le travail n'est pas toujours l'harmonie et le mérite, et quand le rétable serait un chef-d'œuvre, il serait toujours vrai de dire : ce n'est pas là sa place, c'est un contre-sens choquant, un hors-d'œuvre inqualifiable : de quel droit vient-il là faire en quelque sorte tressaillir d'indignation en son tombeau l'architecte, auteur des gracieuses et mystérieuses colonnes qu'il ose couvrir de son plâtrage et rompre ainsi l'harmonie de tout un ensemble ? personne n'ignore et ne conteste que l'entrecolement de l'abside avec ses chapelles rayonnantes ne soit dans un sens mystique, comme le remarque M. Bourrassé, le nimbe, c'est-à-dire, la couronne glorieuse qui ceint la tête auguste du Sauveur du monde, représentée par le grand autel où s'offre chaque jour le divin sacrifice, et dont la nef et le traussept rappellent le corps et les bras étendus : et vous, messieurs de la prétendue renaissance, vous venez contrarier ce touchant symbole, repousser cette belle et chrétienne pensée de représenter J.-C. en croix ! vous aimez donc mieux l'apothéose de vos dieux de la fable, que le nimbe du Dieu sauveur ! ce n'est pas assez de vous appeler des vandales, vous êtes de nouveaux déicides, vous préférez Barabbas.

Donc le rétable a fait son temps, plus que son temps : ici toutefois, je m'attends à ce que certains hommes, complètement étrangers à la science si sérieuse de l'Archéologie, vont crier à l'*engouement du moment*, alléguant que ce rétable ne plaît pas aujourd'hui, que demain il plaira : à ces contradicteurs il est facile de répondre qu'on ne raisonne pas contre des faits ; or un des faits les plus marquants de notre époque, c'est le progrès de la science archéologique, son assise sur des bases solides ; c'est le mouvement imprimé de toutes parts pour ramener le grec au grec, le roman au roman, le gothique au gothique, en sorte que sans être prophète et sans crainte aucune de m'aventurer le moins du monde, je puis porter le défi à ces critiques nescients que jamais ne reviendra parmi nous l'époque calamiteuse où l'on se croyait en droit de jeter à la face de notre incomparable métropole l'épithète insultante de *gothique* et de *barbare ;* or c'était là précisément le temps où l'on plaçait le fameux rétable de Saint-Pierre, temps païen, funeste pour tout, pour la littérature, pour les arts, pour la morale même.

Terminons ce qui regarde le rétable, par annoncer aux amis de l'art, aux archéologues qui connaissent Saint-Pierre, et qui s'intéressent si vivement à son style pur et natif, que la fabrique de cette église, sur un rapport de M. Bussière, architecte de la ville, concluant à la disparition dudit rétable, a signé unanimement le projet de démolition auquel deux maires de la ville ont donné successivement leur assentiment. C'est maintenant une affaire de finances qui se réaliseront.

Saint-Pierre a suivi le mouvement imprimé aux grandes églises dans les xive et xve siècles pour la construction des chapelles entre les contreforts : de cette époque, elle en compte quatorze dans les nefs latérales, la sacristie comprise : celles de l'abside sont du xiii. Les premières sont sur un plan quadrilatère, carré-long : on admire, ou plutôt, on admirera, à l'intersection des chapelles, quand auront disparu les panneaux de devanture de magasins qui le dérobent aux regards, un groupe charmant de colonnettes qui s'élançant du sol vont en se ramifiant se développer sous les voûtes ; c'est, dit-on, l'époque la plus grave du xiii siècle : au chevet de l'église qui est lui même à pans coupés, les chapelles sont sur un plan trigonal.

Venons maintenant aux détails, un mot sur chaque chapelle à commencer à droite : la première chapelle paraît avoir été primitivement une chapelle mortuaire, du moins à en juger par la clef de voûte ; elle est aujourd'hui sans vocable, mais elle est destinée à devenir une chapelle de l'Ange-Gardien : cette chapelle donne entrée dans un nouvel escalier construit en 1851 et dont la cage, du moins extérieurement, n'est peut-être pas selon toutes les règles de l'art ; mais il faut pardonner au système d'économie qui était alors de rigueur.

La 2e chapelle est celle des Fonds-Baptismaux ; les murailles intérieures sont tellement couvertes d'ornementations grecques, qu'on ne peut savoir si elle renferme une inscription portant le nom de son fondateur; on aperçoit dans l'amortissement de la fenêtre quelques légers débris des anciens vitraux dont le vandalisme révolutionnaire a dépouillé l'église tout entière; il est une singularité à remarquer, c'est que dans le mur qui sépare cette chapelle de la précédente, il existe un conduit de cheminée dont la partie extérieure est couronnée d'une crête composée d'arcatures, séparées entre elles par un pilastre surmonté d'un chapiteau, et soutenu par une console; chaque arcature porte en forme de voûte une coquille: ce morceau de sculpture qui, comme on le voit, date de la renaissance, a été dans la dernière restauration de l'église, transportée sur la cheminée de la sacristie des chantres; quelle pouvait être la destination de cette ancienne cheminée? était-ce pour le service de l'église, pour un concierge ou pour l'utilité des fondateurs de la chapelle pendant les longs offices? nous l'ignorons.

La 3ᵉ chapelle s'appelle encore la chapelle des Roze, du nom sans doute de la famille qui l'a fondée; elle est consacrée à St.-Michel.

La 4ᵉ chapelle était autrefois celle de la résurrection, aujourd'hui elle est consacrée à la bienheureuse Jeanne de Valois; l'autel, il y a quelques années, était surmonté d'une résurrection de Boucher, que vient de restaurer M. Charmeil, bibliothécaire de la ville, et que l'on voit maintenant au-dessus du cintre de la porte du collatéral droit; elle est loin d'être son chef-d'œuvre, on y remarque des défauts saillants; mais le tableau est regardé comme historique, attendu qu'au bas on voit les armes de Martin Fradet, magistrat, et le magistrat lui-même en robe rouge qui sans doute a fait don à la chapelle de la peinture : le tableau descendu de l'autel a mis à découvert une grande niche sculptée où on voyait autrefois représenté Saint-Pierre-ès-Liens dans sa prison, et où aujourd'hui on remarque une Compassion de faible prix, et quant à la matière et quant à la forme : sur la partie du mur qui fait face à l'autel, on lit les noms des fondateurs dans une inscription que voici :

> L'an de grâce mil quatre cents
> IIII** six, comme j'entends
> . . . .
> André . . . . . dit Bontemps
> Et sa femme furent contents
> A faire cy cette chapelle.
> Dieu des cieux les face habitants
> Après cette vie mortelle.

On a placé dans ladite chapelle un nouvel autel dans le style du moyen âge, qui consiste dans une simple table de pierre appuyée sur colonnes sculptées et exécutée sur les dessins de M. Jules Dumoutet, sculpteur : nous ne parlerons que pour mémoire d'une verrière représentant sainte

Jeanne ; car il faut convenir que si la bienheureuse était aussi laide de visage qu'elle était contrefaite de corps, l'artiste a parfaitement réussi.

La 4e chapelle de St.-Firmin n'a rien de remarquable que l'épaisse couche de peinture sur une boiserie représentant cet apôtre guérissant un aveugle; si cette chapelle n'était point barricadée par des bancs et des grilles, elle serait charmante, vu la position centrale et son élévation qui suppose probablement un caveau : dans un récent et long voyage, toujours la pensée de notre église bien-aimée dans l'esprit, nous nous sommes détournés exprès de notre route pour passer à Amiens et obtenir de la fameuse cathédrale une parcelle des reliques de son illustre patron St.-Firmin : ce que nous a octroyé de la meilleure grâce du monde le secrétaire de l'évêché, à des conditions qui nous sont douces, et que nous saurons remplir fidèlement : nous en doterons la chapelle aussitôt que nous aurons pu nous procurer un reliquaire convenable. Nous arrivons à une grande chapelle que l'on peut regarder comme un des bras de la croisée de l'église; elle est consacrée au Sacré-Cœur et avec raison, la vaste fenêtre présentant partout des cœurs alongés dans ses meneaux flamboyants : d'anciennes boiseries sculptées provenant de la cathédrale à la suite de la révolution, dérobent entièrement à l'œil ses murailles; cette chapelle serait incontestablement la plus belle de l'église, si l'argent qu'une main pieuse y a répandu avait été employé d'une manière plus intelligente; à l'extérieur, au sommet de l'ogive de la croisée, on remarque dans un encadrement les initiales P. P. réunies ensemble par une ganse nouée et terminée par deux glands.

Commence ensuite l'abside dont la première chapelle est, pour ainsi dire, le joyau de St-Pierre, c'est celle de Ste Magdelaine ou du crucifix devant laquelle les connaisseurs ne manquent pas de s'arrêter en contemplation : elle date manifestement du 13e siècle ; elle est éclairée par trois fenêtres simples à lancettes : sa forme est trigonale ; les angles du contour disparaissent sous un mélange de pilastres et de colonnettes ; ceux de l'entrée de la chapelle sont couverts d'une colonne cylindrique flanquée de quatre colonnettes, et dont les chapiteaux comme ceux du fond sont ornés d'un double rang de feuilles recourbées en volutes, le tout malheureusement sali, souillé par la couleur jaunâtre ; mais ce qui captive plus particulièrement l'admiration, c'est de voir que, par un artifice remarquable de construction, le fardeau de la voûte habilement réparti sur les murailles environnantes, paraît reposer entièrement sur un pilier central entouré de faibles colonnettes ; et si vous pénétrez jusque dans la chapelle, vous tremblez à la vue de tout un groupe de nervures et d'arceaux retombant sur ce frêle soutien ; sous ce poids énorme, le pilier va, ce semble, être écrasé, broyé ; le moindre contact va l'ébranler, le plus léger souffle le renverser : ne craignez rien, le 13e siècle, dont toutes les pensées tendaient au ciel, savait faire des merveilles, suspendre des masses dans les airs ; ah ! que ne puis-je rendre à cette chapelle rongée par l'humidité, toute sa fraicheur et tout son éclat ! elle serait une véritable bonbonnière.

La chapelle de la Vierge qui a toujours été le point de mire des architectes chrétiens et pieux, occupe tout naturellement le centre de l'abside : elle est de même origine que la précédente, et, à part le pilier central, même caractère de construction, même plan trigonal, mêmes colonnes, mêmes chapitaux, mêmes fenêtres à lancettes simples ; elles sont pourvues de grisailles d'un assez bon effet ; cette chapelle a été richement décorée il y a plusieurs années : il est bien regrettable que cette décoration ne soit pas en harmonie avec le style de la construction, et surtout qu'on n'ait pas prévu que le stuc appliqué sur des colonnes imprégnées d'eau par suite des terres extérieures qui dominaient alors de plus d'un mètre l'aire de la chapelle, n'aurait aucune consistance : aussi six mois après l'inauguration de la chapelle nous assistions avec douleur à la décadence du stuc : on y remarque le relief du devant d'autel restauré par M. Dumoutet : c'est la naissance de N. S. J.-C. ; l'artiste a été surpris d'y rencontrer un anachronisme, c'est-à-dire, la présence de St Paul qu'on est bien étonné en effet de trouver là.

Nous ne quitterons pas ce point central de l'édifice sans y signaler une particularité que l'on remarque dans les grandes églises ou cathédrales : derrière le rond-point de St-Pierre, à l'extérieur, on juge clairement qu'il y a inclinaison de l'axe longitudinal pour exprimer *l'inclinato capite*, l'*emisit spiritum* du Sauveur, au moment solennel de la rédemption des hommes ; à l'intérieur, il est difficile, pour ne pas dire impossible, d'apprécier ce symbolisme, à cause du malencontreux rétable qui, de quelque côté et sous quelque face qu'on l'envisage, se pose toujours comme un hors-d'œuvre, littéralement (qu'on nous pardonne cette expression) comme un véritable nid à rats : car on sait que le rétable ne touche pas à l'abside, que l'entre-deux découvert est une sorte de fourre-tout qui, certes, si près de l'autel du sacrifice, devrait être exploité d'une manière bien plus décente et plus respectueuse.

Quoique faisant partie de l'abside dont les chapelles, comme on l'a dit, remontent évidemment au 13 siècle, la chapelle de St-François de Sales, voisine de celle de la Vierge, doit être rapportée à une époque plus récente ; la base des colonnes, les colonnes effilées elles-mêmes, la légèreté des chapitaux, l'ornement courant qui, à l'extérieur, décore l'entablement, ainsi qu'une petite niche couverte d'un dais figurant dans un des angles de la chapelle, tout conspire à accuser le 15e siècle : le rond-point nécessitait un plan trigonal qui écartait les grandes fenêtres des 15e et 16e siècles ; aussi ne voit-on que des croisées à lancettes et une géminée, celle du milieu, mais obstruée aujourd'hui de maçonnerie : on ne sait à quelle occasion ni à quelle époque cette chapelle a été consacrée à St François de Sales ; ce culte ne tiendrait-il pas au souvenir de quelque prédication, donation du saint qui, lors de ses voyages à Bourges, habitait, dit-on, dans le voisinage de l'église, l'hôtel de Linières, propriété en partie de Mme veuve Brault de Saint-Sulpice ? On montre encore sa chambre à coucher que j'ai visitée avec attendrissement. Quoiqu'il en soit, tout le monde sait que la fête de la canonisation du saint fut célébrée à Bourges d'une manière brillante et magnifique ; peut-être fut-ce là l'origine du vocable de cette chapelle qui sera intéressante quand elle sera débadigeonnée.

La chapelle de St-Paul qui suit n'a rien de remarquable que la singularité d'une devise à la clef de la voûte, concernant les vignerons qui l'ont choisie comme chapelle de confrérie ; autour d'une croix, on lit ces mots : Plenæ sunt victoriæ, ad torcular sit potus.

La chapelle des trépassés, autrefois la chapelle St-Denis, longtemps appelée par le peuple la chapelle Cujas, est parallèle à celle du Sacré-Cœur, de la même dimension et peut être par conséquent considérée comme le bras gauche du croisillon ; ses murailles intérieures sont revêtues des mêmes boiseries que nous avons trouvées au Sacré-Cœur.

Un souvenir historique se rattache à cette chapelle, elle est le tombeau du célèbre Cujas : il y a quelques années, « le caveau funéraire, » dit M. Raynal, ayant été ouvert par hasard, on ne trouva sur le sol que » quelques ossements dispersés, ce sont évidemment les restes du grand » homme » : aucun signe ostensible du reste n'indique ce tombeau, et on raconte à ce sujet une assez curieuse anecdote : le fameux Huet, évêque d'Avranches passant à Bourges, vint visiter le tombeau de Cujas, et comme le curé d'alors auquel il s'adressa ne put lui en montrer la place ; « Comment ! lui repliqua vivement le célèbre apologiste, vous n'avez qu'un grand homme dans votre église et vous ne savez pas où il est ! »

La chapelle de Sainte-Ursule, occupant presque le centre de l'église, est appelée à devenir pleine d'intérêt, moyennant quelques réparations.

La Sacristie est une ancienne chapelle agrandie ; il est à regretter d'y voir une espèce de porte-cochère dans le style bâtard grec, et à l'intérieur un plafond dans la partie ajoutée ; la chapelle, comme le porte une inscription qu'on lit sur la muraille, a été fondée en l'an de grâce 1470, par Prudent Guillaume Aliot, marchand et bourgeois de Bourges, et Robine Amycle, sa femme, en l'honneur de Dieu, de la Vierge Marie, de Saint Claude et de tous les saints du paradis.

La chapelle de Saint-Joseph a cela de particulier qu'elle renferme, au-dessus de l'autel, sous un rétable de plâtre, un relief représentant la résurrection de Lazare qu'on dit être beau, mais qui jusqu'à ce jour n'a pu être réparé, faute de finances.

La chapelle de Saint-Augustin possédait autrefois de fines sculptures en pierre, que le marteau du vandalisme a brisées pour y adapter un rétable grec.

La dernière chapelle enfin qui se trouve sous le porche, et qui jusqu'à ce jour a servi de magasin, comme cela se fait ordinairement à l'entrée de la plupart des églises, est sans vocable ; elle va être incessamment réparée, et c'est la paroisse elle-même qui, par bulletin jeté dans un tronc d'offrandes placé sur une de ses colonnes, sera appelée à choisir le patron ou la patronne de ladite chapelle.

Un ensemble de choses, de lignes assez remarquables méritait les bénédictions solennelles de l'église, une dédicace ; aussi une tradition rapporte que l'édifice a été consacré en 1220 par Henry de Sully, 70e archevêque de Bourges : cette date, il est vrai, dit l'auteur de l'histoire de l'église de Bourges, n'est appuyée sur aucun témoignage précis ; mais on ne peut pas douter que la dédicace n'ait eu lieu ; les pierres de la consécration parleraient plutôt elles-mêmes ; on en voit encore quelques-unes avec le tracé de la croix ordinaire, répandues confusément dans certaines parties de l'édifice ; par respect pour ces vénérables pierres, on eût bien dû, après l'incendie, les placer plus convenablement.

Voilà bien des détails minutieux, puérils même pour beaucoup, sans doute ; pour moi ils sont pleins d'intérêts ; dans ma petite sphère, ne cherchant en tout cela que la pure gloire de Dieu, j'attache autant d'importance aux faibles dimensions et à la simplicité de Saint-Pierre de Bourges, que le Saint-Père lui-même en attache aux proportions colossales et à la somptuosité de Saint-Pierre de Rome.

A. M. D. G.

H. ROCHEREAU,

Curé de Saint-Pierre-le-Guillard.

www.ingramcontent.com/pod-product-compliance
Lightning Source LLC
Chambersburg PA
CBHW061613040426
42450CB00010B/2462